Gala de Poesía

SOLEIDA RÍOS

Bocaciega

> Pro Latina Press

Bocaciega
Soleida Ríos

Copyright © Soleida Ríos

© De esta edición:
2024 Pro Latina Press
www.prolatinapress.com

Editora: Maria Amelia Martin
Diseño gráfico: Álvaro Dorigo
Imagen de portada: Omar Sanz
Foto de perfil de la autora: Omar Sanz

ISBN: 979-8-218-58902-8

SOLEIDA RÍOS

Bocaciega

BOCACIEGA. Galería estupefacta.

Siendo que soy, yo misma, fragmentos –enbuscadecohesión– y que es fragmento todo lo que he cosechado desde siempre, tengo, me doy cuenta, una marcada tendencia a juntar con pretensión de crear un todo. Un todo libro. Aunque pueda llamarse *El libro roto* (1987-1989). Y quiero siempre coser maniáticamente de modo que no se vea que remiendo. Y conseguir que un determinado ritmo (agua que fluye, un golpe seco, un martillo neumático...) haga resonar aquello que generalmente me corta la respiración. Que algo penetre... no importa cuánto ni a qué velocidad, los dos íntegros "gobiernos" de mi cómplice Lector.

Y he aquí la dificultad: Una antología. ¿Escoger, recoger lo más selecto para el *florilegio*? Algunas de estas "flores", probablemente transitorias, pueden pincharme las yemas de los dedos o resecarme el paladar hasta la fatiga pero muy pocas veces, si es que sucede, me van a dar el júbilo (?), la sensación de lo completo o de lo acabado. Así es que opto por una fórmula que me aconseja desde otras artes y saberes: el catálogo. Y como la lógica editorial exige en este caso, un Catálogo incompleto.

Yo ni siquiera soy poeta, veo.
Del gran Pessoa he tomado esa línea providencial.

La Galería que os entrego (híbrida, o destartalada como diría L. García Vega), podría parecer, en buena parte, una galería muerta. La mirada que vio estará ya en el pasado. Sin embargo, esos presuntos cadáveres (líneas, pedazos de poemas, retratos, instalaciones, borraduras... producidos en Bocaciega entre 1987 y 2022) pudieran estar frescos aún. Y decir algo. La que me gustaría entregar puede estar germinando quizás entre algunas interrogaciones. Es la tarea de mi cómplice Lector, con su punzante hurgar, hallar el qué, el cómo.

Estaré agradecida si algo de esto entrara en las venas de N.Y. (o en sus cloacas, donde asimismo corre el agua… corre el agua…). Dos potencias mediantes: manos de Telonious Monk y el *Blen blen blen* de Chano Pozo.

Habana Vieja
Agosto de 2024

*A José A. Mazotti,
en la noche más clara.*

AGUJEROS

*

La implosión fue en Isla de Pinos. Poco antes (y después) de la Guerra de las Malvinas. Yo me puse a leer a William Shakespeare, encima de una litera.

*

En Tropicana bailé con Desiderio Navarro (hombre casi caucásico, políglota, hiperactivo investigador de arte-cultura-pensamiento-siglo XX, ideólogo y difusor de saberes extraterritoriales...) una *Rumba sin oxígeno*. Él, con su camisa gris. Yo, con un pulóver tejido, bien escotado.

*

...entró una paloma que debía deambular libremente al menos por tres días. Las ventanas abiertas y las puertas semicerradas. Salía y volvía a entrar. Cuando quise alimentarla me dio tres aletazos. Era blanca. O quizás la paloma de la paz.

*

En el Asteroide, nombre supuesto, paraíso (ilegal, 1986-1997): tres ventanas, tres puertas, aire en las 4 direcciones... El que trepó solo a rascabuchar (Don Mínimo), a la vista, se disfrazó de Apagafuego. Otro (Ladronzuelo Menor), buscaba una pistola calibre 22. La *casa* se hizo agua.

S/T

Ébola... Dengue... Cólera... Chicungunya...

Había cerca una flor bermellón. Y cantamos:
Carolina dengue Carolina dengue Carolina dengue...
Dengue pa gozar!!!

Sin amparo filial. Y sin desinfección:
aydetiaydetiaydetiaydeti

goce del dengue goce de la guerra goce del traspié goce de la cadena goce del obstáculo goce de la tiranía goce de la melancolía goce de la melomanía goce del goce...

El viento derribando cabezas.
El viejo Lázaro en la calle con su carretón cargando muertos.

                        24 de noviembre de 2014.

¿CONOCES YA ESE AGUJERO?

Aquí
a g u j e r o s

entras al agujero de LA NORIA:
ruedas ruedas ruedas...
mucílago
ruedas metálicas
            con dientes (!!!)

la maquinaria la maquinaria la ma-
qui-na-ria... la maquinaria arrastra
a r r a s t r a e l a r i l u g i o
y
arrastra el índice, subvierte:

placas (erupciones cutáneas)
desplazamiento horizontal
prisión
parodia
aves de paso
neblina
pozo
castigo denodado
¿autocastigo?
¿equívocos?
¿fuerzas de marea?

ruedas ruedas ruedas

repaso subterráneo sublingual
tambores: ¿un horizonte
una HISTORIA vaciada?
remate de cabeza
publicaciones
plazos
premios... (¿!!!?)

Fui hasta el "Lago Michigan, Escena 1515", con un tal Daniel Borzutzky. Y ahí, en el límite de ese agujero, le oí decir:
—*Estábamos bailando demasiado rápido y la música estaba tocando demasiado lento.*

Era otra vez un Viernes Santo.

15 de abril, 2017.

CENIZAS

La casa
entre los dientes.
Férrea casa inicial, la mitad
compungida
llena/ vacía. Maltrecha.
Solar
maltrecho.
Maltrecha sensación. Cenizas.
Maltrecho el goce. Maltrecha
la pared.

Thelonius Monk...
¿La sombra de Thelonius Monk?
Piano enterrado.
Compungida pared.

Cenizas.
Flores transidas
de Thelonius Monk
cercando el piano
des-
enterrando... Y
u n a l l o v i z n a
a l e t a r g a d a
compungida
un flamboyán des-
nudo, des-
florado...

Piano, piano
acariciado, vibraste
entraste al sueño, mal-
trecho (derecho!!!)
aletargado
    bostezabas
        dejabas que colgara la cabeza.
Teclas negras
teclas blancas
maltrechas.
No. No.
Cenizas.
Thelonius Monk qué música cómo cuándo
si fue
a
y
e
r*

* Bárbara Legna Amelia Carballo... Luto. Mediodía, 15 de noviembre. 2014.

ZÜRAU, 1917

En los originales y archiconocidos cuadernos azules en octava de F. K., fue omitida la anotación número 104:

...Sin saberlo, caminaba directamente hacia el Agujero. No reparar en la señal sería un Error de apariencia menor. Pero Definitivo.

23 de abril, 2019.

UN PALO DE AGUA

 Tres bastonazos en la Tierra de la Inconformidad
y ashé en los faldones del real Yoruba Coronado

Y qué dicen esos caracoles. Qué dice... qué
el güiro de Osaín.
¿Hacia dónde se extiende nuestra sombra seca?

Obbara Oddi: nace el ebbó del año.
IFÁ se trajo la luz del día...
Y el negro Juan que sembrara las vísceras de Jesús
(Menéndez) en agujero secreto de tierra manzanillera...
Juan Casicaído pedía agua por señas.

Corazón, corazón oscuro... Corazón que se esconde...
Corazón, corazón... Herido de dudas de amor.

Y embutidos estamos en un mismo Matorral
(26 letras 26 nombres un 26 fechado en rojo y negro)
y arriba abajo... arriba abajo... bascula el semillero.
Asimétrica la música del agua.

Aquí lo hallado y lo no acontecido pero quizás
pendiente o capaz de incidencia
(¿con-ciencia? ¿tras cen den cia...?).
Marchando vamos hacia.
Abajo arriba abajo arriba... bascula el semillero.
Asimétrica la música del agua.
¿Camino equivocado camino rectificado?

¡Vírgenes de La Cueva... que llueva que llueva!

¡Mal rayo parta!
Y un trueno aquí un trueno allá.
Acullá.
Corazón, corazón oscuro...
Corazón que se esconde...
¡Mal rayo parta...! grita un Depredador.
¡Mal rayo parta...! gritó el Descorazonado.

¿Centella Ndoki?
¿Cemiché...?

Ogún del Monte   Ogún Batalá   Ogún Guerrero
Ogún Chal Gran Buá Criminel Senché Yudón
Togó *(el Carnicero)*...
Machetes palas picos cadenas martillos llaves yunque...
Agua. La enemiga del fuego. Pero Ogún Balendjó
sale del agua. Hace y deshace. Tanto da como quita.
Ogún bebe en la herida del animal sacrificado.

Y en la montaña (magnífico): Oké.
Haitianos y "pichones" ponen astillas olorosas
en tu mano derecha y astillas olorosas en tu mano izquierda
y *tifei* (sazonado con cien palos del monte) en tu garganta.
Y la bandera en lo alto del *potó-mitán*
y el peristilo/ fresca enramada... *Cai-misté.*
Casa-misterio en predios de La Caridad...

Y en la noche flamea la hoguera y el Hungán dispuesto
reza al loa y reza la Mambó. Invocaciones.
Y buches de agua bendita a la base del poste (agua
recogida el día de San Juan o de una caída de granizo).
Y el guamo y la batería de tambores radá entonando
sacudiendo a la muchedumbre que nutre y fortalece
lo Alto que gobierna y el vínculo providencial
de vivo-muerto. Y está abierto (míralo bien)

el "camino espiritual"
(recia madera)
por donde *baja*
el *Lua.*

Y *bajará* Ercilí...
y *baja* (Ercilí Freda o Daromain)
a su "comida grande"
y *sube* a la cabeza de la Mambó
hincha la falda de blanca espuma... y
un oleaje envolvente transfigura cuerpo y vista
y ya es y será otra la concurrencia.

Y entre el humo y las flamas otra y otra y otra Ercilí...
cruzándose estorbándose... Y (*sube*) una Ercilí jacarandosa
palpitante la pelvis y *sube* también a la cabeza del *caballo*
Ercilí-Ojos-Rojos pidiendo sangre.

Humo. Humareda. Y otras flamas de ron.
Derramamiento debajo de una ceiba.
En la cumbre del *potó-mitán* queda el *Amarre*
de los cuatro caminos.

S. Ariel (al negro Ponte en "La Fiesta de los negros"):
y esta vez... *¿Quién maneja los kraylers?*

Loma abajo: Sismo-Ciudad: ventura y revolico...
al lugar de Los Hoyos.
Aguacero de mayo...
Un vendaval:
la conga
arrasando
arrastrando
(literalmente: ronca). Y
abre que viene el cocoyé...

Mil... dos mil... trescientas mil almas... Masa compacta (sudor y adrenalina) gente gente gente ¿despavorida/ despabilada? arrolla tras la corneta china los tambores y el golpe... golpe furioso de la campana: *congo kiri wa congo kiriiiiiiiiii wa...*
arito yaya...

30 de julio-6 de septiembre, 2020.*
12:21 min.

*A Elena Celestién, reconocida como "el pilar en que se asienta" el saber recogido en *El vodú en Cuba*, de los investigadores Joel James, Alexis Alarcón y José Millet.

RETRATOS/ SIMULACROS

Tregua de vidrio:
El son de la cigarra
taladra rocas.
MATSUO BASHO

Ana que no murió del Nacimiento que no murió
de un Tiro que no murió del Machetazo 2003.
Tomé sus huellas: saladas aguas del Caribe
salados terrones de Galicia. Á-

Nima ¿Anima el animal? Anima cuatro esquinas.
Sopla. Y el diafragma a punto de romper
sus podridas costuras de neón.
Punta fina la espada y lágrima finísima del cielo.

¿Ave que ama el Amor?

G (Centro Iluminador)... Nacida de la entraña
del huracán, fuego avivado por la ventolera.
El corazón de una gallina reunió a los vivos
y a los muertos.

Lámpara y lágrima. Libación y lamento. ¿Por qué
crece y decrece límpida luna en tu cabeza
el ojo malo?

¿Ojo malo? Ojo de agua... ¿brotó calló endureció
en La Prueba? Once veces el óvulo materno
fecundado. Olla de arroz bullente. Once bocas

Retozan riegan recogen truecan granos de café
en La Escondida, ramilletes de rosas y de piedras
las raíces del pru. Así
Injertan alegremente izquierda con derecha
cantos de gallo y trueno. A campo abierto.

Abierto campo. Camino real.

Í
N
G
R
Ima la Zona I personificada en la pantalla de un
 acelerador de imágenes ¿Maquinado el artículo
 desmovilizador y el clic

desconectado? ¿Decacofónico el libreto des-hecho
 en sus pedazos / partes que un imán no podría
 volver a congregar...?

Definitivamente no. Abre el Sueño sus alas.
 Dorado el cutis. Abre y estira aquellas *largas
 piernas que el trasmundo decadente no concibe.*

Cierra el Libro larga costura carmesí. Fuego
 la hirsuta cabellera. Una Madonna (¿íngrima?)
 sonríe de perfil.

21 de julio, 2020
11.59 pm

Jícara rebosada. Miel de purga en papel celofán.
   Juntacadáveres. Jadean ella y su anchuroso yo
   semidesnudo. Ansias de ver. Antojos.

Andamio arriba a estrenar nueva asta de *su* bandera
   copa nueva nuevo corset. Ancla la letra en el tupido

Matorral. Ahí ¿lo que muerde? ¡El musgo el musgo!
   (dilecta mojazón). El lomerío fragante
   entre las piernas. Arde si mata. Arde si no.

Importa el iris. Insomnio, importa la iluminación. Lábil
Lengua perlada, insaciable. Algazara.

¡Alajú en la mesa! Señora (y Señor) Armadillo
   sírvase usted.

Ko bo lerí... Le digo: rogarse la cabeza
koidé... Le digo: pluma de loro
koriko... Le digo: hierba
korín... Le digo: cantar cantar cantar.

Risa sin cascabeles asciende a la alta copa seca
y resuena (en los "tiempos de lodo"): red
maple red maple red maple (*acer rubrum*).

Indigos Ibeyes de Vermont hierven la savia de los
maples. Rudos troncos y una Sombra los mira...

Sugar (saccharum) a la boca... Sonidos especiales
música... ¿de aquel Árbol que muere y resucita?

To Ibán Echu... Le digo: guardarlo en la memoria
Imaginal, donde dixque

Nacieron la verdad y la mentira, nace la Cabeza
de la tierra, nacen la arquitectura y la sabiduría
del Lenguaje.

2-3 de junio, 2022

Laberinto... la Puerta y tus 10 dedos y la Cabeza
Irradiante de tu corazón. Cabeza dura.

    La Herencia es tuya: Adquisiciones y Beneficios
con-cer-ta-dos.
Puja.
Pare conmovido silencio ante la luz
(*los pies en el agua/ y la lengua en el fuego*) *.
Llegada la tempestad... Amasa, pues
si quieres
fosforescentes flores de papel. A-brá-za-te.
Arguye. Sí. Pero descarta...

    Mira reflejada... oscura ya de tiempo la marca
en tu barbilla.
Mírala extenderse por tu brazo. Te dice:
Apartar caminos. Abandonar
antiguas pieles.

*Legna Rodríguez Iglesias. *Chupar la piedra*. Editora Abril, 2011.

Marco profano (hoy) la dibuja cual raro muérdago del roble: *remedio contra todos los venenos.*
Ahí la veréis:
un

Arma desterrada desencajada desterritorializada. Apunta al árbol con el dedo sutil apunta al agua rizada por los vientos, así sean del huracán, así sean las aristas del rayo.

Ríe. Rema. R e m e m o r a... sentada, laxa bordando en rafia la Heroica del Amor (?)

Astro(labio). Astro(nave). Un artefacto en cada mano: 7 colores, todos el místico amarillo ideal.

¡No! ¿No de nosotras y de cuba-no?
  Es la que hablaba con versátiles enes. Y
  a puerta

Abierta, apuesta por el avestruz (camello-pájaro)
  pero desacredita *los países mentales*.

Nubarrones + nieve + nubarrones.
Neobarrocos o no.

Entonces, Nanne Timmer, di (¿evento estría efímero
  epifanía *estruz?*):
  nueva unidad legible...

  ¿nívea
  o geográfica-
  mente
  tormentosa?

Oxalis. ¡Aleluya! *Katabami.* Blanca la solitaria flor en tus escudos de armas. Ácida como la acedera. Mas vale su poder para tonificar refrescar reconfortar... Nacida de la flecha, abrirse es, más que representar, promover una *simplicidad elegante.*

Mar. ¡Oh mar! La mar de pensamientos la mar de amores (ninfas) la mar de nervaduras nichos nudos...

¿Adónde va la alondra? Del suelo al cielo, del cielo al suelo, brusca, dejándose caer. *Una vana batalla (que guarda la mitología), Arderyde: fue librada por causa de un nido de alondra.* Entonces

Ruede la rueda ruede la rosa ruede el rostro ruede la rueca ruede la
revolu
ci
ón

Patria de la lengua. Pedregales del nombre.
Pisar el pasto. Cuidar vínculo de la sangre
en travesía. ¿Un claro? Envés y torcedura.

*Escribir/ erosionar.**
Descartar (?). Dimensionar extensiones abrasivas:
rotaciones y circunvoluciones del campo... esos
bajíos: Picota Egido Amargura (ejes para la ronda)
Luz... cegadora (Solares). Mente maquinal.

Revisemos los rubros:
LOS ALTOS MANICOMIOS / CABEZAS / ÓBITOS...
Ofuscada escritura (¿?) Aquí: *hilo de lábil de-
men-cia*-que-ha-venido-de-atrás-enrollán-
dose des-en-ro-llán-do-se... enrollándose sí
en sinuosas fractales. / Aquí: EROSIONAR.

Mediodía, 20- 21 de mayo, 2022

*Del libro *Cabezas*. P.M. de Armas. Letras Cubanas, 1995.

Savia silencio secreto sueño... ¿Sirica ya...? Silbo.
En la enramada calle, si a mano viene, silbo. ¿Dar
Olvido obsesión/ observación? ¿Ocio sagrado?
¿Hogar? ¿Yo
Legar letra lenteja libar enlazar (naranja dulce limón
partido dame un abrazo...)?

Espera. En el espejo ¿soy? Escucha. Escudo
pero roto. Estela de una nube, ¿atardecemos?
En el establo: yegua infeliz. En el monte: lentisco.

Intento establecer-me, ¿integrar un imán con sus dos
lados, ir a la infancia a renacer?

Destino. Dorso ¿dolor? Duda. Deuda ¿dolor? Doblar.
Deseo ¿dolor? ¿Dedal en cada dedo? Hincar-me.
Hilvanarme. Del fuego al agua. Del agua primordial
a la transmutación. ¿Domar el corazón?

Ave de paso. Atravesar la cortina de fuego. Antes
Acariciar la sombra.

Un banquete (lingüístico). Balancearse del recato alemán a los bordes del trópico. Boca abierta (hecha agua): mango de papelina, de hilacha, de señora, huevo-de-toro... (como el mamey, dulzor; como los bizcochuelos hondo sabor, lisura). Untar morado arándano en Boca Vendedora, pedir pedir: uno de Toledo uno de corazón un filipino...

Definir. Degustar. Deslumbrar en danza abierta.

Mango en las comisuras. Palabra por palabra, in-gesta o restituye color, sabores sumergidos. Cada palabra plantando una bandera. El poema: *un constructo*.*

O (según Thomas Kling) *surf en zonas de muchos arrecifes*.

---

*De la antología *El cerebro que canta*:7 poetas de lengua alemana. Selección y traducción de U. Kawasser. Torre de Letras, La Habana, 2008.

Vivificante introspección desde "El arco de Viñales"
a las inmediaciones de Cojímar, atravesando
a tiempo la renombrada Quinta de los Molinos.
Atrás el vértigo... y el verso, restaurado.

Idéntica inteligencia emocional, in(formación
sin cautiverio, rudo ritmo:

Cuerpo racial, sexual o nacional (carne) bajo sospecha.
Aquí: critica patología, allá: voz y vuelo (neutral)
en la mirada de un Maquinista Lentificador.
Textos. Textos. Vectores operando en la epidemia
de la intolerancia.

Observémoslo: tatuaje en el marco interior, negro
(Buda) acrisolado, cazador marino con mana digital.

¿Resuelta ya la propia   re- (e) - vo- lu- ción?

Zumo colado de naturaleza de ciudad
   para menguar la
Ulceración y los dispositivos del Vejamen. Superhierbas.
Leves atardeceres, ¿sitios proteicos
                         (políticoeconómicosociales?).

Entrada, apertura cabal a ciertos razonamientos
   acuciosos, aunque su
Implicación pudiera resultar un tanto corrosiva...

   A ver:

Cuántos millones de hombres cuantos millones de mujeres
   cuántos hermosos corazones hubieron de sucumbir
   forzados por una vez a un viaje dispuestos como
   piezas (cerámica en desuso) en la más increíble
   insólita instalación artística (?!) que fue/ ES
   un
   barco
   negrero
Atravesando el océano Atlántico

La razón de ser del horizonte es no ser alcanzado jamás.
Joel James Figarola

EL CIERVO ENCANTADO

para Nelda Castillo

Desnudos
demudados
desnutridos
descolocados
descogotados
descalabrados

¿**descoronados**?

descascarañados
descompuestos
descompadrados
descompasados
descoligados
descoloridos

¿**descolgados**?

descolmados
descomulgados
desconcertados
descompaginados
desnucados
desnivelados
desnervados
desmayados

desmedrados
desmembrados
desmarridos
demolidos

¿desmirlados?

desmigajados
desmerecidos
desmenuzados
desmentidos
desollados
desolados
desosegados
desoídos
desojados

¿desacordes?

desentonados
desentrenados
desentidos
descentrados
desenfocados
desenfilados
desencantados
desencajados
desempatados

¿desorejados?

desopinados
desorbitados
desonzados

desnarigados
desmoronados
desmorecidos

¿**desocupados**?

desmochados
desmirriados
desmenguados
desmonetizados
desmemoriados
desmantelados
desmanotados
desmadrados
desmesurados
desmalazados
deslustrados

¿**deslumbrados**?

deslomados
desloados
desquilatados
desquiciados
desvanecidos
desvelados

¿**desventurados**?

desvirtuados
desvalidos
desvalijados
desvencijados
desaliñados

desanimados
desatinados
destituidos
destartalados
desembaucados
descojonados
deszocados

¿desalmados?

                                    31 de mayo, 2010 *

---

* Habiendo visto la obra "Variedades de Galiano" (que toma como base el libro de igual título de la poeta R.M.R.) replico el nombre del singular teatro creado por la dramaturga cubana Nelda Castillo, que, a su vez, ha traído al siglo XXI (quizás algo crecida) la disonancia que revela el largo cuento "El ciervo encantado", del autor cubano Esteban Borrero Echeverria, publicado en La Habana en 1937.

POPULUS TRÉMULA

> *por G.*
> *a Carina Maguregui*

En la noria
entre los cangilones
de la noria
salimos
entramos
volveremos a entrar
de lleno (azoro)
al agua seca.

Siete gajos de álamo temblón
solos, dibújanse...

Entretiene la testa
un airecillo (cuaresma)
singular. Ala
dentadura canina, ojos de miel
entre los cangilones de la noria
miraba acaso nubes, arabescos...

Y entre los cangilones de la noria
ver de pronto siete gajos
de álamo temblón (azotar
azotar)
hacer el árbol
y ver el árbol ay multiplicado
crear la encrucijada. Y ver

siete pares de álamos temblones
(azotar)
sacudir las cenizas del miércoles.

Y
el cuerpo de Ala, dulcenombre
atado a la cadena
succionado, pujar temblar irse
ir cayendo
caer
enterrarse
en el basto engranaje
de la noria.

Y ver casi al instante (pánico)
un
    extraviado
        surtidor.

Es Cuba y Amargura, calles
de otrora, sombreadas hoy
(cenizas, verde y humo)
por siete pares de álamos temblones.
Lágrima ay del corazón
loto cerrado.

Es Cuba y Amargura: *San Francisco de Asís*
da de comer [...] a toda clase de aves sigilosas,
*no hace mucho despavoridas.**

10 de junio, 2011

*José Kozer.

PIES DE PALMA

a Lorenzo García Vega, in memorian
a Mario Rivas

Ni Reina
ni Roja
ni Sagú
ni Silvestre o de Monte
ni Palma Thrinax
ni Thrinax Multiflora o Miraguano
ni Thrinax Paviflora
ni Thrinax Rígida
ni Thrinax Lejeye
ni Urania o Rabanela
ni Vitchi
ni Arenga Sacarífera
ni Yarey
ni Yeaiba o de Guinea
ni Yuma (no descrita)
ni Yuraguano
ni Palma Erizada
ni Sin Espinas

Palma de Seda (Real). En Imías
Roystonea lenis León.

*

las palmas ay las palmas deliciosas

*

ay esa palma negra...

*

la palma sola, soñando
libre y sola

Tablas techos bastones catauros tercios...
para tabaco en ramas
manojos de palmito: cogollo y corazón nutrientes
fruto oleaginoso. Yo
palma de seda, elevada, coronada, descalza, inerme
flores sésiles, hojas pinnatisectas...

¿Quién o quienes fijan el precio de una palma?
¿Cuándo?

                              Domingo 15 de abril, 2012

POEMA OFÓ

No contra el dolor, contra el sufrimiento
no contra la ceguera, contra la rabia
no contra la necesidad, contra el imperio del deseo
no contra el enemigo, contra la enemistad
no contra la pequeñez, contra la disminución
no contra la imaginación, contra el exceso de fantasía
no contra el poder, contra el abuso de poder.

Antes que la defensa, la protección.
Jamás golpea la muerte a una roca
y jamás corre un río hacia atrás.*

 18 de junio, 2012

* De *Poesía Yoruba*. Rogelio Martínez Furé. Ediciones El Puente, 1963. La Habana, Cuba.

UN ELOGIO DEL NEGRO

(con agradecimientos a Lourdes Benigni)

¿Poema cinético?
¿Barullo?
¿Instalación / destartalo / des-
cojonación...?

Blanco y negro (ojos de C. con gato)
años enteros presidiendo toda una pared.
Ojos distantes, distanciados. Negros de luz.
Gato rayado en gris, des-homenaje
a la Filosofía.

Teodoro
W
Adorno
musi musi musi...
Cortázar, voz irradiante: musi musi...

Negro el 10. Libro-objeto. Límite
determinado por el Impresor. Y por
los hábitos de la Ruleta.
Aquí, ahora, 12 (A WA NILÉ): número
cierra-ciclos
consumación
casa natal.

Veíase un cuadro: una matanza
(1912): Evaristo Estenoz, Pedro Ivonnet...
3 mil negras palomas (almas
ululantes)
a bolina.

Y antes de lo anterior (1812)
extraña sincronía: una matanza más
con decapitación: Aponte
cabeza negra colgada en una jaula.

T. buscaba la luz.
T. añade una búsqueda casi obsesiva sobre el negro.
Ordena. Ampara. Libera. Prolifera.
Empieza por ser No.
[...]Pero el negro se ahínca. Toda luz
en el carbón se abisma, en el basalto. *

Desde la ducha (ver) la
blanquísima taza (aquí, ahora, *corona*)
de Duchamp
que rigurosamente
traga.

                                      20 de junio, 2012

*Julio Cortázar, sobre serigrafías de Tomasello, París, 1984.

AUTORRETRATO

a Leyla y Rolando, una respuesta

1

El agua, dividida.
Bajo el sol
cresta doble, irisada
la crecida del agua.

Sondeando, arrebujada
en telas blancas
blanca espuma, cruzándola
llegar, y
motivando el beso
en él, negarlo.
Fría sombra de sí, fría
mesura y majestad.

Esa yo, en el descenso,
mira.
Esa, mirando
cava
y
al no poder
sepulta.

Sepultaría si la noche... Si acaso
noche fuera, más
que
la doble, irisada
crecida
de las aguas.

2

Atravesar la división del agua.
Sondear la sombra.
Cruzar, desnuda, la desnudez
del agua ¿Quién?

Oscura..., resplandecer.
Calar el súbito ademán
frío, aquel
que congestiona
verbo y gracia.
Si hay que besar
soy yo. Ella
la que hace el beso
tienta
traga, irisada
toda
la luz.

19 de abril, 2012

PURIALES DE CAUJERÍ

Candela.
José Kozer (junta candela...
abre monte)
en Puriales de Caujerí.

Montes serrados, tetudos, picudos: monte
plegado: el mar
al sur.

Palmas, pomarrosas. Calma la sed.
Ojos resplandecientes.
Abrazos.
Los enfermos resucitaron.

Comer naranja agria... "¡qué dulce!"
A la cintura, vadear el Sabanalamar
(el río corta). Dormir
en yaguas y hojas. Comer (almuerzo)
bajo el chubasco: café de boruca,
huevos crudos, un sorbo de miel.

Monte abajo.
Monte arriba.
Pan de Azúcar. Monte de la Vieja.

Cañadones.
Mucarales de piedra.
Lomear a los charrascales.
Sentir el peligro, oler...

Palenque.
Arroyo Hondo.
Rumbo tenaz y fijo.
Monte arriba. Monte abajo.
Abriendo...

El purial (purio), frondoso
sombra renacentista
fertiliza, clarea...

Y vio hoy la yaguama, la hoja fénica
que estanca la sangre y con su mera sombra
beneficia...

Un curujey prendido a un jobo. Bebe
agua clara. Cojea
(¿iodoformo, algodón fenicado?).

Árboles secos escaldan y chisporrotean
y echan al cielo su fuste de llama...

Última agua y del otro lado el sueño. El peligro
se siente: hombres alquilados.
Hamacas, candelas, calderadas. Al pie
de un árbol grande irá luego a dormir.

Sao del Nejesial.
Jaraguá, palo fuerte.
Rumbo tenaz y fijo.

Oye el remedio de la nube en los ojos (agua de sal
leche de ítamo...) "que le volvió la vista a un gallo".
Lavar la ropa azul. La chamarreta...
Machete al cinto, espuela a la alpargata.
"¿Y cómo no me inspira horror la mancha de sangre que vi en el camino?
¿Ni la sangre a medio-secar de una cabeza que ya está enterrada...?"

Kozer

¿Entraría por Duaba...?
¿O por aquellos pedregales de Cajobabo...?
Dicen, lo vieron bajar de la Goleta...
Pero besó la tierra y cantó como gallo.

Un brazo (¿armado...
de la duermevela...?
¿armado
de
la
reminiscencia...?)
remo de proa. Frente
arbórea... Lo vieron, dicen, vaciar el bote
la mano alzada... Saltar.
"¡Cuba...!" (por agua, vino de Málaga)... Y
monte adentro.

En el jolongo: el *Diario*...
Machete al cinto (¿filo, añico...?) aupando
toda
la teluricidad.

Región florida de los cafetales, con plátanos y cacao.
Kentucky.
Secaderos.
Vereda espesa
en la fértil tierra de Ti-arriba.

Mejorana: Tres Voces.
Jagua.
Mangos de Baraguá.
Hato del Medio: sabana, yerba ahogada del aluvión.
Antaño, más de 500 cadáveres regando la marcha
en el camino de Tacajó.

Barrancas...
"Ah, Cauto" (¿oye la Voz del Viejo?), "cuánto tiempo
que no te veía".
Barrancas feraces y elevadas, desgarradas
a trechos hacia el cauce... Reverencia.
Río amado.

Hojas de zarza o de tomate para untarlas de sebo sobre los nacidos.
Hierven calderos.
Hamaca. Lluvia. Escribir. Sueño inquieto.

Los perros, ahítos de la matazón, vomitan la res.
Turbia el agua crecida del Contramaestre.

Dos Ríos
cruzados por cerca de una ceiba.
Súbito, de cara al sol...

Kozer... ¿cortado como un cañaveral?

Borbotones de tinta (sangre) sobre tierra feraz.
En la finca San Pedro, 27 ha de ser
el número final de sus heridas.

Pero lo han visto...
A flor de labios (soslaya toda posible imitación):
un níspero (imágenes), un canistel.
En tierra adentro, con-fundido, agua
agua clara de lo curujeyes...
En el diario: *sirve tú, Cuba, Manantial, sirve ya...*

Y la mano, arpada, se le pudrió, casi
de tanto saludo recibido (loas) camino de La Quinta.

Hijo de los hijos de José
(ante la escala de Jacob) ¿la piel
cobriza...?

61

hijo de la predilección de Orisha Oko
desciende, dicen, de la cabalgadura
(¿un caballo dorado, traje de holanda gris?).
Junto al árbol Lezama
deja
caer
fraterna
transparente
gota
de sudor.

27 de marzo - 3 de junio, 2010

Con el poeta alemán Jan Coneffke:
Solo lo recordado habla, antes todo era silente...
El recuerdo recuerda el yo, busca en las capas petrificadas huellas
digitales y del alma. Lo que encuentra siempre es inventado, un
yo interpretado de forma arqueológica.

BORRADURAS I

Rajayoga, punto noreste, al margen. Andurriales. Descripción / definición de Eva Aguilar. Matorrales en lugar de jardín. Resequedad. Dos, tres flamboyanes (no modifican...) de vez en vez dan flor.

Hastío. Año 79, inicial (providencial) para los sueños...

Cuarto vaciado, paredes verde claro (y la borradura vallejiana, imborrable: *Oye a tu masa, a tu cometa, escúchalos; no gimas de memoria...*

Media-cama en el centro... Closet cerrado, a perpetuidad. Gavetas intocadas, haya allí lo que haya (incluso la sangre negra endurecida en la sábana usada por aquella Concepción, aquella única noche de sobrado calor, mosquitos, alacra...). Intocadas.

Media-cama en el centro. Tenderla, dos o más sábanas. Un mínimo espacio para penetrar. Envolverla. Enhuacalarla. Cada pata momificada en el envoltorio asegurado con un *melín* (?), rociado con queroseno (luz brillante).
Increíble.
Cuando murió (Vallejo) *le regalaron muchas flores pero ya no las podía comer.* Julio Huasi.

Tomas el cálamo... ¡Acierta!, registra la calamidad. ¡Escúpela!

Mirla, vecina, augusto nombre. Signo menos.

Pomares (en realidad ño Pompa, claves, guaguancó): *rojo, como en el desierto/ salió el sol al horizonte/ y alumbró a un esclavo muerto...*
Alguna vez, alguna risa. Él, que sostiene que es preciso tocar, oler, untarse de aquello que es temido, vivo (¿verbo?) u objeto. Sólo así...

Orlandini (¡Gran Saber! Años después, en el *Asteroide*, a la luz de

tres velas, hablará sobre el percepticidio). Una amitriptilina...,
píldora azul.

Rosalía. Situarla, clarificar. Ella y cierto novio, dúctiles, en el "operativo" (nadie quería o podía ser convencido..., nadie) detrás del refrigerador *Impud*: un *centruroides gracilis* perfectamente adivinado... y a tu pedido (tuyo, insoslayable...), hecho trizas.

Habiéndose ido Rosalía y cierto novio, dúctiles... Sole, Shole, Soledad Vives. Sola. Sudar sudar...

Ir a la Noche del *rhopalurus junceus* (colorado, archiconocido y poco común en la domesticidad).
Semidesnuda (FUGAR: primer impulso)
pero también con traje rojo, poco común
cuchillo en mano... Pelar, trocear
una fruta bomba (papaya colorada)...

Haberlo visto, ver...
pero ver a sólo 10 centímetros y... ¡afuera
a la calle...!
cuchillo en mano
en mano el trozo de papaya.
¡A la calle!

Luego... respirar (encarar)
cuchillo en mano
así
retroceder
GOLPEAR (segundo impulso)
destruir la estructura temible. Borrarla.

Pero aquel olor a chamuscado... Aquel olor..., nunca nunca nunca más.

Marzo, 2009

BORRADURAS II

1- El Cuarto Rosado, cuya existencia obligatoria en cada área o demarcación política lo hacía repetirse con muy ligeras variaciones 169 veces... Red de venas minimizadas como encarnación de los escasos dibujos que han de tomarse por atributos individuales...

2- D. (y el aparatico que pulsaba obsesivamente en su mano derecha. Describirlo, hasta en los mínimos detalles...) rodeada de niños, aproximadamente un número de 18, cifra con la que precisó al otro día (mayo 11) el número de contendientes en la Fiesta-sorpresa... Relatar la guerrita que por no dejar escucharse un solo disparo no deja de ser encarnizada. A mi modo de ver en esta guerra se tiraban verdaderas cargas, cargas mortíferas teñidas de un ligero dulzor. Y narrar, con suma discreción, la fiesta fantasma, también en Altahabana, cuyo techo menor lo cubriría un jazminero bien poblado y el mayor, una mata de mangos de proporciones gigantescas.
D. soltaba chorros de aire por la boca, potentes chorros que, de haberse podido observar a simple vista, no serían blancos ni azules.

3- La Inspección. Retornar a ese tiempo (especial). He vuelto (con mi rojo pañuelo en la garganta), me veo volver allí, volver a ser ojos y oídos del Ministerio aquel... ¿Acaso inspeccionaría esos Cuartos Rosados..., o la guerra donde los contendientes son los niños y D. la mano que acciona aquello que detiene, lo que salva...?

15 de mayo, 2007

BORRADURAS III

1- Soñando los sueños de otros... Seguro puntualmente, aunque no viene al caso recordar. Había entre cada sueño como una raya (o doblez minucioso), es decir, alguna división no vista pero fuertemente sentida.

Fue ayer, día 9.

Pero la noche antes vi, ¡al fin! ¡al fin!, *LOS SUEÑOS DE AKIRA KUROSAWA.*

Unos días antes (quizás un mes...), ¿qué había soñado...? Era extensa extensa extensa... Y miraba hacia arriba desde la posición de la tierra.

Creo que yo misma era la tierra, con sus verdes y sus caminos.

2- Addimú a la tierra. Registrarlo. Palabras... no acerca de ti, palabras que te expresen, dijo E. J.

Aguanile (Título, solventar)... El CAMINO de los caminos.

"Con pausa, llega usted a su destino", dice Ifá.

"No hablar las cosas al revés".

(¿O sí... a veces?)

"No busque lo imposible... Pero cuando un perro se acerque, pásele la mano. Siempre".

Enero, 2009

TROPISMO *

Estoy todavía en el ademán de un beso..., en lo más suave y natural que haya ocurrido en años, si es que ocurre, entre M. Hogoblin y yo.

A la vez recostados y delante de un cristal...
El cristal me permite ver mis largas trenzas yéndose hacia cualquier lugar.

No quiero contar nada acerca del Lugar, tan amplio y variadísimo (y a la vez como tocado por lo que reduce), incluyendo alguna sugestión: cosas volátiles que uno puede dirigir o al menos cree poder: objetos, cositas en el aire (¿juegos?), misiones aligeradas, gratitudes...

No quiero contar nada acerca de la Esposa (que no es), que quizás haya permanecido horas enteras conmigo, mientras él iba (va) a cumplir sus obligaciones.
No sé si es madre, pero algo tiene detrás que la ata o la domina.

Tampoco quiero contar acerca del Actor-Personaje con el que de pronto nos veríamos casi en convivencia eventual, frente al que yo simulé (¿simulé?). Es decir, primero me extraño:

—¿Yo, Soledad..., cuándo?

 Eso, de veras, no simulación. Y, seguidamente, dulce, como un pan de Gloria

—No voy a querer más noches y días durmiendo aquí contigo...

¿Intención doble...? Era en el pensamiento y, mayormente para la

---

*Volviendo a Nathalie Serraute.

Esposa (que no es), no para el Actor.
Aunque la habitación fuera inmensa y bien avituallada..., con ella, ¿todo un sueño? No.
No es para tanto. No da para tanto el bienestar.

M. Hogoblin, al regreso de alguna de sus obligaciones o evoluciones (siempre siempre comprometido hasta los dientes), procura y consigue un remanso, un REMANSO SIN ZOZOBRA.

En ese remanso, observándome, escrutándome, modo de disolver lo que hubiera de resistencia, temor o malestar, emprende el beso en el que yo no sé si puedo (voy) a entrar. Esas
(apasionadas) interrogaciones...
respuestas
acercamientos
y
retrocesos (fingidos)

huidas
persecuciones
excitaciones
y
frotamientos

choques
caricias
mordidas
abrazos...

ABRAZOS

Nada más propio (leo, reescribo) *para calentar*
agitar, hacer aflorar y
expandirse... hacia el exterior.

Bajo presión del barullo
(tumulto):
adelgazamiento
y desgarro.
Y un inevitable desplazarse
fuera
del centro de gravedad.

Pero, echando mano a esos
objetos volátiles... que uno cree gobernar
¿misiones aligeradas
sugestiones
juegos
gratitudes...?

el Personaje
Actor
fuera
ya
de la inmensidad
de ESTE
REMANSO

la Esposa (que no es)
fuera
ya
de la clara
inmensidad
de ESTE
REMANSO...

M. Hogoblin, paciente, a la espera...

Por el momento sé que le estoy diciendo "...siento que estoy en una carretera enorme,

pero
no
sé
hacia
dónde
voy".

Veo mis trenzas moverse
curiosamente. Como en la morbidez
del agua.

      5 de febrero, 2002 y 25 de abril, 2010

PARA OLVIDAR EL ESTILO DE L.

por M. R. Ferret

¿Laura Linares... suegra mía, gruesa, riza, rosada, rostro severo y andar contoneándose como *negra Fuló*...?
A su cocina, nada opuse. Ni a su conversación, ni al grosor de su negado abrazo, ni a sus llantos frecuentes frente al hijo que llama en Hora y Lugar del Exilio "Mito... Mito, pero *escuchame*, Mito..." (hermoso, bien llevado diminutivo de Mario, aquí, ya, Mario Hogoblin...) y tú, en medio de las catarsis, siempre siempre abrigándote del frío..., queriendo deleitarme en los recuerdos de Libertad Lamarque, diva sin par...
Y ni hablar de sus postres (poderes!!!), puros engarces maternales. Porque perder un hijo entre las aguas, perpetuamente... era a-negarSE, sí, en medio de La Dictadura.

¿Laura Klein (?), otro desprendimiento (florecimiento di) del cono sur, escritora sutil...?

EL AZAR CRUJE
Te quedaste mirando el pan, cómo cortarlo en varias partes. Cómo repartirlo. Después, si tendrías fuerza para morderlo.

—*El azar es ideológico, dijiste.*

¿El deseo también?
Pero lo que no puedo y deseo entender, soportar, es la muerte, esa disolución... del Sueño.
Todos parecen vivos..., sobreviven (les crujen las articulaciones), cortan los días en perfectas rebanadas y las untan de algo...

Sí, *El azar cruje* ¡Magnífico...! Menos lo policial. Cuentos. Cánticos embarrados...
Pero heme aquí, frente a la foto perpetuamente iluminada... y no ES... Laura no es Laura Klein. Y Laura Klein, introductora de F. K. (ver el discurso musical..., aquellas *¿Investigaciones de un perro?*), Laura Klein no es precisamente el modelo en cuyo ensayo el azar cruje. La que ES se llamará (ES Autora) Susana Szwarc, con cuya identidad he tropezado felizmente ayer, trastocándola, (perdóname hermano Kozer, propiciador, perdóname, Susana Szwarc... cometo estos atropellos), sí, deslizándola bajo el negado u olvidado estilo de L...

Laura Sarmiento (?), trasplantada... (¿sarmentada?) de vuelta perpetuamente a los verdes de Altahabana, absoluto absoluto absoluto SILENCIO. Señas. Ni francés ni español ni portugués ni swajili... Ahora calla, sabe cuándo hay que callar. Lo que se dice punto en boca. "Aprendí" (una seña). Fue Allá... y vino (otra seña). Bujumbura es... ¡un sueño! (variadas señas).

Se mueve, transita en el boscaje del apartamento, bello animal delgado, muy flexible... Como aparta su mata de pelo de los ojos, aparta hojas de helecho, ramas del bugambil, sostiene en una mano y luego a lo largo de su brazo (vástagos de la vid que cuelga del balcón) rarísima orquídea cubense (*¿encyclia phoenicia?*), color y olor a chocolate.

—Hummm!!!

El perro (hiperperro, blancuzco, patilargo): Toulousse.
El gato, moteado: Django.
Los pájaros: pájaros. "Estos pájaros..., ¡cómo cagan!, mi Dios".

Pero aquí, AQUÍ, lo que se necesita siempre es un caballo (señas)...

—¿... Un caballo roano que se alimente de jardines?

—...O, en su defecto, algún mico maicero.

Multivitaminerales en la garganta de Toulousse.
Zeolita pulverizada en la cama de gato.
Alfalfa fresca para futuros (bienvenidos!!!) caballos pura sangre.

Sarmentum, Laura, solemne modelo (fruto de) silenciador, raíces adventicias. ¿Digo mal...?

Laura Mont (?) Recibida en el reino de Matanzas como Dama de los Pies en el Agua, Dama del Eterno Embarazo, Dama de la Palabra Azul..., cuyo error, en todo caso remontado a los Orígenes, la justifica (¿ratifica?) o da nobleza. Vestida de celofán, regiamente sentada entre Dos Columnatas, tras un grandioso velo, dictaminó: *Siempre he sido buena para engañarme...* De ahí que columnatas, cruz blanca, llave de plata y velos se trocasen perpetuamente en tronco y ramas de árbol de donde pende la figura (andrógina), no por azar en cruz y levemente iluminada..., a la espera del Cambio. Quien se acercara al árbol, aún quien se acerque, podría escuchar:

—*... ¿yo elegí mal, / yo fui mal elegida...?*

Pero Yo, L. no declarada (sé bien que alguna vez este poema ya fue escrito, aunque de Antes sólo me queda un zumo de Algo), en boca de otra: ah, *esta cicatriz esta cicuta este curare que me cala...*

...con un no saber sabiendo...
San Juan de la Cruz

INICIACIÓN

(variaciones sobre un poema dogón)

El ojo de la máscara
es un ojo de fuego.

Es a mí a quien mira.
Echa su fuego ardiente
sobre mí.

El ojo de la máscara
es un ojo de lanza.

Clava su enorme lanza
sobre mí.

El ojo de la máscara
es un ojo de flecha.

Tira su dura flecha
sobre mí.

El ojo de la máscara
es un ojo de hacha.

El doble filo hiende
y
penetra mi cuerpo
en la penumbra.

El ojo rojo de la máscara
entra en mi casa.
Hoy.

Es a mí
a quien mira.
Es a mí
a quien hace vibrar.
A quien (mañana)
mata.

El ojo rojo
de la máscara.

1994

ARCANO

para Luis Lorente

Abandono.
Detenimiento.
Suspensión.
Lo resistente es el árbol
(guásima, fresno, abedul)
las ramas que sostienen la cuerda
atada al pie
las verdes ramas.

Diríase que a ese muerto, sustraído
no lo soporta una estrategia
(mirar y mirar, ver, entrever
¿qué? desde arriba
caído y, no obstante, por encima
de las líneas de congestión).

Soberano detenimiento. Arde
lo que tiene que arder.
Arde y se apaga.

El que cuelga
puede no calcular
los polos de la frialdad
ni el golpe de una ventolera.
Resiste, pues su manera de hibernar
le da visión.
Ve pasar las carrozas deshilachadas
de los triunfadores.

Ve pasar hacia los blancos cementerios
la cadena de interminables
muertos vivos.

El que cuelga
como mira de frente, ajeno
invertirá los símbolos:
el agua: artificial, la ingravidez: perfecta.
Pero ¿qué es el qué
desde arriba y caído
y no obstante por encima
de las líneas de congestión?

Arde lo que tiene que arder.
Arde y se apaga.

Y en la distancia, confluyendo
en el detenimiento del deseo
la muerte
mas, nunca para reducir.

El que cuelga, cruzado de pies y manos
si despierta, podría beber de sí
podría desplegar desde sí su permanencia.

Pero lo resistente sería el árbol:
guásima, fresno, abedul.

29 de mayo, 1999

CERCAS / *HEBESTIGMA CUBENSE* *

Manuel.
Caballero del Decamerón
Negro. Su patria
era la noche. Cabalgaba...

Piñón botija
(familia de las Euforbiáceas
cercas y setos vivos.
Hojas subacorazonadas, angulosas
lampiñas. Estípulas caducas...
columna
rodeada por 5 glándulas
estilos bífidos...)
puede curar la hidropesía.

Manuel.
Su caballo bermejo
veía visiones
en el camino real.

Piñón amoroso
(*Gliricidia sepium*)
Flor violácea
racimos axilares...

Cantaba toda la primavera...
Acacia, Amor y celos
Bienvestido
Desnudo, Florecido

Júpiter
Piñón milagroso.

Negro rojizo, no jaspeado.
Cejas como de monte.
mirada lenta y honda.
Cabalgaba...

Piñón criollo
Piñón cimarrón
Piñón de cerca y Búcare
(común en patios, fincas
y cafetales)
Manuel:1,90
erguido
Padres: José y María
nacido en primavera.
Rojo de coral (la flor)
y
como espada o
imitación de flauta...
Música natural
en las inmediaciones
de Alto Songo.

Piñón jazmín
(en contraparte) Vómico

Piñón plumago
(*Hebestigma cubense* o
Latifolium...) Frijolillo
Jarabaina. Purgante
Piñón Real... (Piñón florido)
Hojas trifoliadas, tomentosas
color parduzco, cáliz
espatáceo, hendido casi hasta la base
estandarte escarlata, reflejo
orbicular...

La Prueba

Sombra
a los cafetales
sombra
a la luz del día
sombra a la luna.

Prueba del odio...
o prueba del furor.
El Triunfo: monte sordo.

Manuel alumbraba su casa
alumbraba a sus hijos
con una lámpara
de carburo. Leía....
contaba historias.

Piñón forastero
(*Eritrina berteroana*)
Piñón francés: Espinoso, quilla
tres veces más larga que su cáliz
grandes racimos terminales.
Cercas...

Piñón violento
(*Gliricidia sepium*)
Inmediaciones
de la primavera.
Manuel.
(Su patria era la noche...)
Cabalgaba
(el caballo brioso, resistido)
cantaba, imitaba la flauta...

Una bala...
(calibre 38)

Pulgar derecho hendido
casi hasta la base, órganos
interesados pulmón
y corazón.
Sangre empozada
del Piñón Real
(Florido).

Manuel
color parduzco,
manchas violáceas...
jaspeado

sombreado
por la luna.

24 de marzo, 2003 y 26 de junio, 2005

*En memoria de Manuel Ríos.

ÁNGEL ESCOBAR. EXCOGITAR LA RUEDA. *

Dice:
Hombre untado de negro. Ojos rojos.
Dice:
Manojo de palmitos
de algarabía, de cabezuela
ramas flexibles...
Son de taray, son de retama
yerbas que todavía despiden.
Está en la garita de centinela y mira en torno.
Dice.
Esto es así: vigila.
Y el vigilado soy, es él.
Sólo un vaina.
Sólo un paje de escoba.

Ah, vivaz indígena de Oriente
familia radical, largas cañas
cilíndricas, desnudas
con penachos de espigas
flor verdosa y tan extrañas brácteas.

Escobar.
Abajo, hacia abajo, hacia más abajo.

* "La Rueda" (Dador), José Lezama Lima

El varillaje de un paraguas tiende hacia abajo
pero esa, no otra es su normalidad.
En cambio, él, yo padezco
parezco un papiloma.
Todo excrecencias soy.
Una hipertrofia de lo que fuera
su / mi normalidad.

Otro hombre. Otro.
 (La Rueda) Acuclillado
los cabellos como carbunclos.
Enloquece.

Una vez tuve ramas angulosas.
O así me vi.
Verde, lampiño, con flores amarillas.
Y en racimo pulido... No,
podrido.
Negruzca la semilla
amargosa, babosa
canchalagua (en Honduras).
Disuelto, en cataplasmas
formo, podrías formar... es un decir,
hasta una bandolina.
Ah, pero untado de retama de guayacol, no sé.

El que enloquece *piensa*
en los misterios eleusinos.

Euforbia... Sitio sombrío.
Ramas de tamujo, ramas de cabezuela.
Cabeza.
Cabeza negra. Si es que madura,
fruto rojo.
Escoba amarga
(o mastuerzo: torcido, torpe, divergente

hojas glaucas)
o escobajo
raspa de un racimo de uvas
¿que yo fui?

Una vez dije ser Calímaco.
Agua seca, palabras secas.
Llevaba un charco de sangre negra
en el pulmón.

La Rueda.

Una mujer que asciende (..).
Una mujer detrás del brazo izquierdo.
Un hombre detrás del brazo derecho.
Enloquece.
El buey reposa.
Aparece un negro.
Horrible, lo desfigura el fastidio.
Cuando se despereza, no.
Cuando se desespera, de pecho a pecho...

Abundo, abundo.
Escobar.
Escobazar... ¿Rocío?

Cepo.
En ángulo, una doble, ordinaria cortadura
raja la punta de mi oreja.
Y ya, antes, sangró, ¡recuerda!, junto a los cerdos
en una lejana nochebuena.
Pero me LEVANTÉ en las minas de El Cobre
un día de 1731.

Abundo. Abundo.
Escobar... barre.
Barro y barro. Y barrer nunca

te habrá premiado. Nunca consigo
que este Aquí (discútelo por fin
si se te antoja) brille.
Ni siquiera una vez.

¡Barre!
me dicen desde que nací, me dicen
ahora que estoy muerto.

Pero yo abundo.
Abuso.
Escobar.
Escobillar.
Escobillar el suelo, ¡lustradlo!
Cerdas de alambre, raíz de zacatón
corta y recia para suelos y trastes.

Broza bruza bronco brucero...
Se ve ascender un hombre negro, está lleno de pelos.
Manto rojo, tintero negro.
Abre el libro, repasa lo que llega y lo que se va...
Excogita. Luego deviene sitio solitario
(¡ñinga!)
porque en el Diccionario de la Lengua
LO NEGRO es torba. Todavía.

Broza, bruza, bronco brucero.
Ruedo (roto) entre cielo y tierra.

Sí. Un agujero elíptico abría en dos mi cabeza.
Pasaban cables, cadenas. Las cadenas.
Écubier.
Negros lindos del barracón.
Haitianos del barracón.
Jacobo, Juliana, Francisco, Ta José.
A veces caigo boca abajo.

Ay, Madre.
Quise abrevar en el rocío
como una flor silvestre.

Vuelve un hombre con cara de caballo etrusco.
Vuelve el fastidio.
Pesa el vientre, lo que está dentro, oculto.
Signos que no me dejan descifrar.

Breñal. Abismos. Rueda. Resplandores.
El marabú suspira antropomorfizado.
Yo, un algarrobo.
Excobar.

4-5 de mayo, 2002

LA SECA

¿...extraño
o
sencillamente increíble
ver
la cabeza de Puente
rapada, en sueños...

no como la cabeza
de los presos: bosques
de pelo mal cortados
talados y vueltos a talar...
(Isofonía: 1844:
Plácido fusilado...
Es un ejemplo: Conspiración
de La Escalera...
1912... 19...)?

¿La cabeza de Puente
como un bonzo
asomo de brotes blanquecinos
al ras
cabeza
cabeza de Puente
un SÍ... un NO...
una erguida armazón...
rapada
y en sitio no definible
imposible de cartografiar
aquella, ESTA
rama

aparente MENTE seca
talada
leña que surge y resurge
cabeza de ipil cabeza
de nogal cabeza de abedul
cabeza de yaya... cagua-
IRÁN...?

"Ipso jure (se oye):¡COR-
TEN la luz
COR-
TEN el agua
COR-TEN
esa ca be za...!"

—NACÁN (se oye)

¿Hura-
cán?
¿Sibanacán?
¿Cuba-
nacán...?

"...Pero CORTE-
MOS
esa rama fatal
al menos...".

Aquí
pongamos un SILENCIO.

30 de agosto, 2003

EN LA PUNTA

. *(Discurso transverso de María Prodigio.)*

En la punta, transverso.
Sí, transverso.
Te lo he dicho, George
coge un cuchillo y rájalo
para VER
si suelta
Algo.

Te lo he dicho.
Ni el sol, George.
Aquella boya est rouge
y no está hecha para detener.
Barcos entran o salen.
Es la sal, es la fatalidad.
El mar penetra...
Sí, penetra, dicen
indaga
do si fi ca.

¿Debatir
   debutar
      desangrar...?

Sin mácula, un crucero blanquísimo...
Pero lo cañonean a las 9
¡bum!
1 por 5 u.s.a.
Pasen salud feli-

ciudad
luces, vislumbres
o
flash flash (¿lengua de la lengua?).
Vivas, efervescencias, George.
Velo.
Más alto que nosotros, George
el muro.
Muro alto se alza frente a / contra
los árboles
los pájaros
los peces
George.
Imperturbable la boya rouge
contra la sucia ola
contra la sucia tarde, George.

¿Un canto (cántico, cantiga...)?
No, George.
(Aquel árbol sin líquido..., recuérdalo.)
Aunque te lo repitan deletreando
bajo el asta de una hermosa bandera.
Era mentira, George
pasado
cantaleta
lingua obsoleta, George.

Dice un Viejo-Saco Rayado
«¡por Dios...!
pasado... pasado...»
¿Un Alto?
¿Un Normal?
¿O lo que llaman trans-
figuración?

Fulanito siempre tuvo un tambor.
Óyelo:

Kónkolo... kónkolo...
Te lo he dicho, George.
Marca.
Coge un cuchillo y rájalo...
¡¡¡Caraú!!!
Eso:
¿Cueros descabalados
SOMOS...?
Montón de caraúses en los carrizales.
Te lo he dicho.
Le soleil noire est jolie.
Cae, George.
Cae.
El muro sube sube sube.
Pelícanos, gaviotas...
¡Sash!
Allá los peces, George.
No estoy aquí para decirte
que estoy aquí para adorarte...

Ver
sólo las nubes altas.
Cúmulos, nimbos.
Caen, George. Gruesas.
Ahora mismo puede precipitarse
ese encanto de nube sobre tu cabecita
George, ¡cuidado!

Yo estoy aquí, aquí
para matarte
para borrarte
para escribirte
como una letra...*
George.

* V. Piñera

¿Un trazo / sobre el asfalto / de escritura trágica? *

Segregación, George.
Segregaciones.
Babosas esotéricas, no salamandras
George. Proscripciones
de tamaño menor.
Paisaje.

Sí.

a Gloria González, Noris Márquez, María Lorente, sobrinas.

* R. S. Mejías

ANTE EL MONUMENTO A LOS OBREROS DEL RAMO DE MARMOLERÍA Y PIEDRAS DE PAVIMENTACIÓN

(Virgilio Piñera, *El parque*)

"...Eligieron el sacrific

De car al sol máquina y cuerp
ofrenda al (siempre
procurad) ornato públic

La Belleza
(Heroic)
sagrado cobij
Altar.

Ascendieron
en el
Instant
Suprem

Chorro de granit gris
no por inesperad menos
valeder

Líqui-
da
columna
insurgent
tan firm
com
su

in-
molación.

Neo obelisc (marc
para los nuevos tiemp)
para la Honr

(-----------------
dolientes cuya fe no quiebr ni
------------------ jamás)

Nuevos
Act Sacrificiales
a la esper

No hech aciago.
No azar doloros
Tribut (que no manch
la ironí o el sarcasm
del vulg

¿Quién dud
del inmens poder cread
de la
clas obrer...?)

Eligieron el sacrif..."

15 de junio, 2005

THERESE TERZIVER

Je ma appel Therese Terziver C. Vivo en la Casa Prestada.

Hay un muro, una fachada oscura y creo que algunos arbustos de jardín. Eso, visto desde la calle, o, mejor, desde las otras casas. En realidad no hay calle, ni caminos, ni casas. Acarreo sacos de vianda y leña y los coloco al borde de la vereda. Soy delgada, hecha de junco y mis manos son blancas y ágiles y nerviosísimas, con finos dedos que antes se movían como pájaros sobre el blanco y el negro. Hablo y maldigo. Miro de frente, a veces contra mí. Voy al conuco, escarbo, meto las manos en la tierra, vuelvo... Vuelvo cargada y lo que traigo parece no pesar. Sacos de vianda, carbón, leña y más leña y siempre algo que no sé lo que es. Los sacos, el carbón y la leña quedan al borde de la vereda. Son un montón perfecto, alineado, compacto. Listo para que vengan a comprar...

Mientras cargaba o me afanaba en la perfecta alineación del bulto pensé en irme y pensé en venderlo todo antes de irme. Todo lo que es y ha sido mío. Ah, y maldije. Siempre he sabido maldecir.
Para Therese Terziver, irse será acompañar a su esposo e hija (o hijo) hasta un sitio lejano donde es probable que él viva o trabaje. "Lo he decidido". Pero es que la preocupación por la casa y por las cosas de la casa (que, suponemos, son pertenencia de los dueños) hacen que Therese Terziver olvide aquello que no sabe lo que es y maldiga tres veces. "Mal rayo parta..."

Miramos desde atrás, desde el conuco, todo el panorama de posibilidades, las defensas, los flancos débiles de la casa. Therese Terziver. Yo, mi persona. A la izquierda, en una brusca caída del terreno sembrado, un solar. Ropas tendidas, gente, con cara de sí es no es, asomada a endebles balconcitos y a ventanucos abiertos precariamente en gruesas paredes amarillas. Al frente, un muro de altura humana, hecho de piedra o barro, mohoso, envejecido. Cualquiera que saltase se daría cuenta de que la casa estaba sola y en la mayor indefensión.

La única idea que se me ocurre es enrejar el frente de la casa y quizás el lado colindante con el solar. Fortificar el frente y el flanco izquierdo... ¿Pero a quién se le ocurre? Therese Terziver, harta, dice "lo que es a mí me gustaría sembrar..." También le oigo decir que le habría gustado dejar a alguien en la Casa Prestada.

— Ah, pero me encantan la *Sala de fanáticos* y *La forma Q*.

Lo dice Therese Terziver, la misma Therese Terziver, y agrega que *la forma Q* la aprendió en un lugar que ha olvidado, como ha olvidado siempre, de día y de noche, donde quiera que va, aquello que no sabe lo que es.

— Irme. Lo he decidido.

Y si irse es ya una decisión, Therese Terziver, por Dios, conmueve pues al Director... Eso se ha hecho. Y sólo por decirlo, me corresponde adelantar, recorrer el camino, ensayar el irse de Therese Terziver, el irse lejos, con esposo, con hija (o hijo), ir al Municipal, a la oficina aquella de poca luz, en bajos, seca, laberíntica, preguntar por el Director, verlo (tal cual es, esa figura chiquitica y trigueña con los pulgares inflamados)... Te dirán que se llama Fernández, preguntarás por Fernández, irás a verlo... Therese Terziver C. maldice. Llena mi oído, su propio oído, de improperios.

Miro con avaricia el conuco al fondo de la Casa Prestada. Aire, tierra olorosa, varios cangres de yuca, bejucos de ñame florecido, relucientes hojas de malanga. En el borde de la vereda, el montón perfecto, alineado, compacto de las cosas que venderá Therese Terziver. Pero es curioso. Entre los sacos de vianda o de carbón y los haces de leña he deslizado el esqueleto intacto de un sofá y encima veo aún, fíjate bien, Therese Terziver C., cuatro o cinco de las teclas del piano.

3 de enero, 1999

...y este día os será en memoria
Eclesiastés

ÚLTIMO REZO PARA LOS OJOS DEL TRAIDOR

No existirán los pasos que no llegaron a la puerta
no existirá la mano que no toque o empuje
y abra la hoja clarísima
no existirá la voz
como un pez será mudo
como un pez vivirá bajo las aguas
aquel arroz que iba a su boca ya cesó
hilo de cobre será por donde pase el trueno y
tienda una música ronca un sol cortado en dos

como una sola vez los grandes animales se perdieron
como una sola vez las raíces del árbol
fueron pobladas por el humo del fuego fatuo
y por el diente de la hormiga
así se irá pudriendo en el camino aquella sombra
aquella sombra el gesto de una mano que fue
con cinco dedos con sus cinco sentidos
con su nombre y su cuchara ardiente
era dirán
en su ojo fijo ya no hay sueño.

BLANCA PIEDRA ES LA LUNA QUE VOLÓ*

Esa que estaba en la ventana iluminándonos
haciéndonos visibles
de tal manera que pudiéramos mirarnos
bien los pies   bien la temperatura
el amago de frío que amenaza los pies
la libertad y el límite del pie aflorando
desnudo del zapato y a cuya protección acude
por milagro y hace que cae y cuelga desmayado
un paño azul

toda la morbidez del paño y toda su caída y su
volver a alzarse implica un tajo

ella cuida sus pies
ella se cuida
vuelve a los recovecos del zapato distante apuntalado
pero este cuerpo que tiembla es persistente
sabe desde hace un siglo
que ese pie volverá
ese pie volverá a enseñar su cara
él mismo empuja su límite invisible
o lo empuja este cuerpo de loco con su doble paciencia
a exponerse de nuevo al lado de otro pie
a que resista el golpe y vuele.

*César Vallejo

MARTES 13 EN EL MAR DE LOS SARGAZOS

a D. Morales

Hay una franja oscura sí
es alquitrán
bajo desovan las anguilas
los peces muertos vienen a comer de mi boca
esto no es el jardín de las delicias
no vamos a inaugurar el amor
no inventaremos nada
(si acaso en sueños
encarnemos alguna turbia profecía)
somos impuros sucios
vivimos en el mar de los sargazos
los otros animales echan su gelatina y nos envuelven
abren sus colas rígidas y el filo corta el agua mala
y nos envuelven
y esos ojos abiertos nada dicen
no hay noticia
del otro lado están ladrando en círculo los perros
y más allá los lobos aúllan a los perros
y el cuerno de sigilosos cazadores
les toca las espaldas
no hay noticia
no tenemos noticia
ninguna luz futura sustituye o aclara
este día ingrávido
estos montones de brillante basura
si abro mi cuerpo para que sea tocado por la vara de un ángel

es mentira
comemos y entregamos carne del demonio
beso y maldigo en ti a los hombres que vendrán
beso y maldigo a los que un día
me construyeron y me devastaron
no tenemos noticias
estas aguas son gruesas   pestilentes
somos un solo objeto oscurecido
estamos solos y acompañados como el mundo
desesperados como el mundo
nuestros cuerpos tienen nostalgia de otro cuerpo
viven con la nostalgia de otro tiempo
no hay noticias
lo que hacemos nos mata
y lo que nunca hagamos también nos matará
abre mi cuerpo   tú
con esa suavidad que me es desconocida
invéntala ahora para mí
cierra los ojos
haz que demore ese dulce fluido de otra noche
de otra curva distante
lejanísima.

ULTIMA NOCHE DE ZAMFIR

una mordida y otra mordida y el punzón astillado
y la mano y el muslo con su marca y el cuello
con su marca creciente y el pómulo deshecho con su marca

son los dientes del fuego los mismos dientes de la ira
así se muere acaban la semilla y su doble
y la carne se estruja
la carne negra de la rosa
la rosa aquella abierta al aire sur
ya no es más rosa ni pétalo caído ni yerba seca
el círculo polvoso se mueve en ácida espiral
mueve la cama disoluta
mueve la lámpara y apunta

mueve el collar de piedras mueve el mimbre
y la cesta derrama el agua mala
y el tiempo muerto del reloj su hilo de arena
contigo y contra ti

esa escoba te barre te va a barrer
grita si puedes abre la boca y grita
si aún puedes respirar
si te puedes mover en otra flecha
arranca el calendario de fin de año y tíralo
arranca el pez de plata de ese charco y tíralo
arranca del espejo tu corazón podrido y tíralo
en el hilo se mueve la manzana
arráncala de un golpe y tírala

El QUE TENGA OÍDOS PARA OÍR, OIGA

Que se están trasmitiendo los mensajes
por una lengua doble
un doble filo de timbre inmemorial
yo por eso me alejo
mi tamaño completo se separa
por miedo sí por miedo
¿y si quebrasen la campana de mi oreja?
¿y si borraran el sobretono que segura
la manera de anclar en una hora más difícil?

la voz que va a salir tímidamente
tendrá que ser reconocida como mía
a mi propio pesar   hace preguntas vanas
ensaya un juego amplio de justificaciones
terminará creando el esqueleto
que precisa la aparición de otras mentiras sucesivas

dice   *el murmullo el reflejo y el terror*
dice en secreto   *saborea la indiferencia*
de la posible ley del remolino
o recibe la plateada lamprea de una norma*
dice   yo cito   no argumento
otro es el que me manda *agujerear la correa*
que lo ajusta

pero el tiempo no corre
y la hoja que suelta de trasmano
queda aplastada en la pared
intuyo   solo intuyo

un camaleón se chupa la respiración entrecortada
del oyente   como si no pasara nada
la chupa en frío como si no pasara nada
y el que se acerca en realidad
tampoco dice ni esta boca es mía

primavera de 1989

UN POCO DE ORDEN EN LA CASA

Para mi hermana Olivia

Esto está oscuro y tiembla
mi padre el padre del que todo lo puede
¿me ha mentido?

yo decía si viro si retrocedo
muero
vi a la gente gritar vi a la gente
muriéndose   con pan sin nada que ponerle
pero gritando vivas verdaderos
en sus casas de tablas remendadas
caídas ya de frío y de esos vivas

Vi a la gente   esa gente era yo
mi madre
mi padre loco en un cuarto enloquecido
el padre del Rantel que no aparece en mapamundis
ni en diccionarios ni en los coloquios internacionales
ese que digo no está vivo ni muerto
yo lo boté en el secadero
las monedas mensuales tiradas por esta mano mía
que no es mía ni es la mano de nadie
a la furia del viento y al camino de El Triunfo
me mandaron   ve y tíralas
boté lo que era mío
más bien boté lo que nunca fue mío

ahora se dice abajo   en ese tiempo no
en ese tiempo éramos bellos

nos llamábamos bellos   gente con suerte
seres mágicos que cambiaron el rumbo
porque decían amar al pobre no es más que amar a Cristo
Cristo está en los maderos
clavado en una cruz (hizo muchos milagros)
clavado en una cruz entre ladrones

mi padre el padre del que todo lo puede
¿me ha mentido?
sus hijos   los apóstoles   lo van a divulgar.

Verano, 1987

UN SOPLO DISPERSA LOS LÍMITES DEL HOGAR*

¿apuntalar al niño alucinado?
¿sacar la cascarilla del vacío
hecha pasta de más de veinte años
en su pasmosa deglución?
¿alzarle el cordón de los zapatos? ¿mostrarle
mira esta es la punta de tu pie
hay un seguro en la punta de tu pie?

todo fue un espejismo los árboles no huyeron
era mentira la velocidad
nadie se fuga a doscientos kilómetros por hora
adentro de tu ojera

mira cómo se agolpa la gente en las esquinas
de los parques
oyendo bramar como un bendito
al toro que es capado
mira cómo se van en la distancia
las máscaras
en fila
despacio sonriendo

*Arthur Rimbaud

otra vez a esperar
las píldoras del próximo espectáculo

apuntaste tu corazón para la lluvia   era mentira
la lluvia estaba detrás de los telones
compréndelo el mundo está lleno de telones
la casa simula ser la casa y la lluvia simula
y lo que moja el falso techo no es más que fango diluido
pero el cuerpo también —en sus dos aguas— simula ser
el cuerpo   era mentira
no hubo padre ni madre sino un cielo prestado
adonde fuiste a colgar unas palabras auxilio
el columpio se mece el planeta se vira de revés

compréndelo
la luz se invierte   simula ser la luz
no es el tiempo el que dicta la corrosión de las palabras
allá en *el tiempo de los asesinos*
un niño terriblemente alucinado glorificó su edad
era mentira

ahora mismo presente pasado y porvenir
se juntan en el vano de la puerta
enséñales la punta de tu pie
son solamente víspera   compréndelo
traga el veneno a fondo
el mal simula
el bien simula ser el bien.

12 de junio, 1989

ÍNDICE

Rastrojo (en imprenta, Ediciones Holguín. Cuba.)
    Agujeros 15
    S/T 16
    ¿Conoces ya ese agujero? 17
    Cenizas 19
    Zirau, 1917 21
    Un palo de agua 22

Raku (Ediciones Furtivas, Miami, 2023)
    A, G, I, K, J, L, M, N, O, P, S, U, V, Z 29

A wa nilé (Letras Cubanas, 2017)
    El ciervo encantado 45
    Populus trémula 49
    Pies de palma 51
    Poema ofó 53
    Un elogio del negro 54
    Autorretrato 56
    Puriales de Caujerí 58

Estrías (Letras Cubanas, 2013 y 2015)
    Borraduras I 65
    Borraduras II 67
    Borraduras III 68
    Tropismo 69
    Para olvidar el estilo de L 73

Escritos al revés (Letras Cubanas, 2009 y 2011)
    Iniciación 79
    Arcano 81

Cercas/ Hebestigma cubense 83
Angel Escobar. Excogitar La Rueda 87
La seca 92
En La Punta 94
Ante el Monumento a los Obreros del Ramo
de Marmolería y Piedras de Pavimentación 98
Thereze Terziver 100

El libro roto (Ed. Unión, La Habana, 1994; La Palma Madrid, 2002)

Último rezo para los ojos del traidor 105
Blanca piedra es la luna que voló 106
Martes 13 en el Mar de los Sargazos 107
Ultima noche de Zamfir 109
El que tenga oídos para oír, oiga 110
Un poco de orden en la casa 112
Un soplo dispersa los límites del hogar 114